回國他鄉總掛懷
行將別別詢向
掄郎兄以舊遊逸
來共鈞研伴以子
更華大澤西鄉
十外留為再別
紀念重德吾家
志山望之道以自
[illegible]
民國八年二月

大江歌罷掉頭東
邃密群科濟世窮
面壁十年圖破壁
難酬蹈海亦英雄

右詩乃吾十九歲東渡時所作浪蕩年餘忽又以落伍歸來

共和国领袖的故事

周恩来的故事

李　琦　梁平波　主　编
奚天鹰　刘　敏　副主编

浙江人民美术出版社

序　言

习近平总书记指出，毛泽东同志等老一辈革命家，都是从近代以来中国历史发展的时势中产生的伟大人物，都是从近代以来中国人民抵御外敌入侵、反抗民族压迫和阶级压迫的艰苦卓绝斗争中产生的伟大人物，都是走在中华民族和世界进步潮流前列的伟大人物。他们为中国革命、建设、改革，为中国共产党建立、巩固、发展做出了重大贡献。他们身上所展现的高尚品德和优良作风，是弥足珍贵的精神财富，受到一代代中国人的敬仰和尊崇。

这套《共和国领袖的故事》精选毛泽东、周恩来、刘少奇、朱德、邓小平、陈云同志等六位共和国领袖一生中最具独特品质和个人魅力的日常故事，按照亲密战友、忘我工作、平凡生活三条隐含线索来组织内容，通过一个个真实的故事，图文并茂地反映出共和国老一代领导人的高尚人格和崇高精神。透过这些历史的剪影，我们得以近距离地了解伟人的人生修养和思想境界。

恰逢新中国成立七十五周年及本书初次出版三十周年，回看这些生动朴素的故事和令人难忘的照片，可以帮助我们更好地感悟中国共产党人的政治品格、价值追求和精神风范，激励我们坚定理想信念、砥砺初心使命，在奋进新征程的道路上踔厉奋发、勇毅前行。

梁平波

2024 年 5 月

初版序言

毛泽东和以他为核心的党的第一代中央领导集体的重要成员周恩来、刘少奇、朱德、邓小平、陈云，是中国共产党和中华人民共和国的卓越领导人，邓小平又是党的第二代中央领导集体的核心。他们为中华民族的独立、富强奋斗了几十年，开创了中国革命的道路和中国建设社会主义的道路，建立了不朽的功绩。

有许许多多的摄影家，用他们的辛勤劳动，留下了这些老一辈革命家的一个又一个历史瞬间。这每一个历史瞬间都凝结着一个动人的故事。这一个又一个的故事，表现了老一辈革命家的学习、工作、生活及其感情世界。

毛泽东曾对他的老朋友斯诺先生说：从长远来看，将来的后代应当比我们这一代更有知识，正像资产阶级民主时代的人比封建时代的人更有知识一样。他们的判断将占优势，而不是我们。

在共和国建国四十五周年之际，我们编辑了这套故事丛书，把一个个历史瞬间及其所凝结的一个个动人的故事，奉献给青少年朋友们，相信青少年朋友们会做出自己的判断。

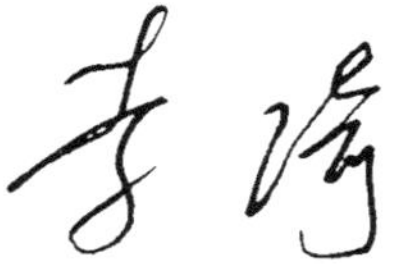

1994 年 6 月

目　录

人民的总理人民爱，
人民的总理爱人民。
总理和人民同甘苦，
人民和总理心连心。

视察北京怀柔水库　1958 年

为子孙后代树立丰碑

1949 年 3 月，北方的大地还没有完全解冻，但是人们已经感受到春天的气息。

25 日清晨，毛泽东、周恩来等登上开往北平的列车。这天是进城的日子，他们的心情非常舒畅。周恩来劝毛泽东休息一下，毛泽东摇摇头，说："我们就要进北平了，不睡觉也高兴啊！"周恩来理解地点点头。

进城后，他们共同想做的一件事是，要为那些为革命流血牺牲的先烈们树立一座纪念碑，把他们的光辉业绩镌刻在上面，让子子孙孙永远记在心中。

这年 9 月，中国人民政治协商会议第一届全体会议在中南海怀仁堂举行。闭幕那天，周恩来在会上提议，在具有光荣革命传统，受到国内外人民敬仰的天安门广场建立一座纪念碑。周恩来的提议得到与会代表的一致赞同。

闭幕式后，全体会议代表驱车来到天安门广场南侧，为人民英雄纪念碑举行奠基礼。这一天，是中华人民共和国成立的前一天。

傍晚 6 点钟，夕阳映红了天边。奠基礼开始。

在庄严的气氛中，周恩来大步走到麦克风前，代表主席团致辞：

"我们中国人民政治协商会议第一届全体会议为号召人民纪念死者，鼓舞生者，特决定在中华人民共和国首都北京建立一个为国牺牲的人民英雄纪念碑。现在，1949 年 9 月 30 日，我们全体代表在天安门外举行这个纪念碑的奠基礼。"

接着，毛泽东走上前去，以浓重的湖南乡音宣读他撰写的纪念碑碑文：

三年以来，在人民解放战争和人民革命中牺牲的人民英雄们永垂不

周恩来和毛泽东

朽！三十年以来，在人民解放战争和人民革命中牺牲的人民英雄们永垂不朽！由此上溯到一千八百四十年，从那时起，为了反对内外敌人，争取民族独立和人民自由幸福，在历次斗争中牺牲的人民英雄们永垂不朽！

后来碑文经周恩来手书，镌刻在人民英雄纪念碑上。

每当人们从这里走过，都会肃然起敬，想起那些为中华民族献身的英雄们，想起毛泽东、周恩来这两位伟大的历史巨人。

廖心文 / 文

一条毛毯寄深情

在北京西长安街北侧的中国人民革命军事博物馆里，陈列着一条缀满补丁的红色毛毯。它，看似普通，却非同一般。

这条毛毯是国民党第二十六军起义将领董振堂送给朱德的纪念品。在战争年代能得到这样一条毛毯是多么珍贵呀。朱德带着它粉碎国民党反动派的“围剿”，带着它参加二万五千里长征，带着它来到革命圣地延安。在长期征战中，朱德忍痛丢掉了许多东西，却一直保存着这条毛毯。

1936 年冬天，发生了震惊中外的西安事变。为了实现中国共产党和平解决西安事变、促进全国抗日民族统一战线早日形成的方针，周恩来作为中国共产党的全权代表奔波于西安、延安之间。朱德便把这条毛毯送给了他，为他挡风御寒。

从此，这条毛毯伴随周恩来度过了艰难的日日夜夜，经历了战斗的洗礼。

1937 年 5 月，周恩来一行乘卡车去西安同国民党代表谈国共合作、联合抗日等问题。他的行囊中就有这条珍贵的毛毯。

一路黄尘滚滚。未曾想，车行至劳山，突遭土匪袭击。周恩来飞身跳下车，指挥警卫战士边打边撤，终于脱险来到我军驻地三十里铺。当红军的骑兵部队赶到出事地点时，土匪早已逃得无影无踪。

这场战斗牺牲了十一名同志。那条毛毯也被匪徒砍了十几刀。

毛毯经过洗涤、织补，又回到了周恩来的手中。

抗日战争爆发后，朱德担任八路军总指挥。在他即将奔赴抗日前线时，周恩来又郑重地把这条毛毯回赠给他。

周恩来和朱德

这条刀痕累累的毛毯又陪伴朱德奔赴抗日的前线……

一条普普通通的毛毯凝结着周恩来和朱德之间深厚的战友情谊。

李　静 / 文

满足最后的心愿

20 世纪 20 年代初，周恩来和邓小平同在欧洲留学。从那时开始，他们之间便建立起深厚的友情，这种友情保持了半个多世纪。

由于邓小平和邓颖超都姓邓，所以邓小平的孩子们称邓颖超为姑姑，称周恩来为姑父。两个家庭又增添了一份亲情。

在“文化大革命”的艰难岁月中，他们的友情经历了严峻的考验。为使被打倒的邓小平重新出来工作，周恩来起了关键性的作用。

1975 年，周恩来病情恶化，癌细胞已扩散到他的全身，无法医治了。10 月下旬，医生为周恩来做最后一次手术。手术前，周恩来问：“邓小平来了没有？”刚刚复出的邓小平赶快走过去，周恩来从被子里伸出手紧紧握住他的手，用微弱的声音说：“你这一年干得很好，比我强得多。”

邓小平强忍泪水，把周恩来送入手术室。

这年年底，病情急剧恶化的周恩来常常处于昏迷中。弥留之际，他还惦记着祖国的统一大业。一天，从昏迷中醒来的周恩来向身边守护的同志提出，要见负责对台工作的罗青长。这个同志立即打电话报告了邓颖超。但是，当时中央有规定，只有政治局委员才能见总理。这时，天刚刚亮，中央首长还没有起床。怎么办呢？邓颖超一面让秘书通知罗青长做好准备，一面想办法同中央负责同志联系。事情报到邓小平那里，他立即做出决定，说：“总理病成这个样子，还请示什么！他要见谁，就见谁。”

一句话，满足了周恩来最后的心愿。

罗青长得到通知后，从西郊迅速赶到三〇五医院。他强忍悲痛，伏

周恩来和邓小平、卓琳在园中漫步 1963年

下身子问候周恩来。周恩来用尽全身力气，一字一句地向他交代：“千万要记住，不要忘记台湾的老朋友。”说完，他仿佛放下了千斤重担，又昏睡过去，嘴角露出满足的微笑。

廖心文／文

两株金灿灿的禾穗

1942 年底的一天，在雾都重庆宋庆龄的家中举行了一次别开生面的茶餐会。参加聚会的有中共领导人周恩来、董必武、邓颖超及国民党爱国将领冯玉祥和夫人李德全等。虽然党派各异、信仰不同，但拯救民族危亡、振兴中华的共同使命，使大家结为真正的朋友。在抗战的艰苦岁月中，知心好友聚在一起，大家感到格外亲切。

12 月的天气，屋外寒风呼啸，大家围坐在壁炉前，凝神聆听周恩来分析国内外形势。在火红的炉火映照下，人们脸上都泛着红光。

在壁炉架上挂着两株稻穗，金灿灿、黄澄澄的，十分可爱。李德全望着稻穗感叹地说："多好看的稻穗呀，简直像金子铸成的一样。"禾穗是宋庆龄从一位农民家中带回来的，听到对禾穗的赞许，她显得有些激动，她把禾穗托在手上说："它比金子还宝贵呢。我们的国家自古以来就是农业大国，农民占全国人口的绝大多数，年年五谷丰登，人民才有好日子过。在几亿农民心目中，这饱满的禾穗不是比金子还要宝贵吗？"她的话使坐在一旁的周恩来也激动地站起来，他深情地抚弄着禾穗，无限感慨地说："孙夫人说得好，人人都有工作做，人人都有饭吃，这一天不会很远。孙中山先生在《建国大纲》中提出的设想会实现的，一定会实现的！将来打下江山，人民得了解放，一定要把这两株禾穗画在新中国的国徽上。"

就在这次聚会后的第七年，中华人民共和国成立了。周恩来参与主持制定的国徽图案上，除了五星照耀下的天安门和齿轮外，还有两株金灿灿的禾穗，它们闪闪发光，显得无比光彩照人。

曾　自 / 文

周恩来和宋庆龄　1955 年

游漓江

1960 年 5 月 15 日，周恩来和陈毅夫妇出访归来在桂林稍事休息。邓颖超也来到这里迎接他们。到了桂林不游漓江怎么成，在地方同志的热情邀请下，他们乘上了游艇。

航行江上，天气晴朗，阳光明媚，周恩来心情格外舒畅。漓江风光，真是山清水秀，景致无穷。站在船舷低头看去，江水碧绿，清澈见底。抬眼望，两岸奇峰林立，景色奇异。周恩来不禁赞叹道：“太美了，桂林山水真不愧为‘甲天下’啊！”陈毅副总理更是陶醉在山水风景之中，情不自禁地吟诵起古人赞美桂林山水的诗句：“江作青罗带，山如碧玉簪……”早闻元帅文武双全，尤其诗才出众，今日得见，在场的人无不钦佩。

周恩来在船楼上观赏了一阵，就坐进船舱，向陪同的地、市负责同志了解当地人民的生产、生活情况，以及水利建设、电力排灌等情况。周恩来想得深，问得细，同志们见总理这样关心，十分感动。他们对总理提出的有些问题一时答不出来而感到惭愧。周恩来觉察到同志们情绪有点紧张，立即笑容可掬地安慰说：“不要紧，不要紧，想好了再说。”

周恩来就是这样，心中时刻想着人民。

游船顺漓江驶到阳朔，周恩来夫妇和陈毅夫妇上岸游览，他们在小亭子里留下了这张珍贵的照片。

刘春秀 / 文

周恩来、邓颖超同陈毅、张茜（左一）游阳朔　1960 年

西花厅灯光笑迎启明星

新中国诞生后，为了把中国建设成为繁荣昌盛的社会主义强国，周恩来长期担负着处理党和国家日常工作的繁重任务，呕心沥血，日理万机，沉浸在忘我的工作中，春夏秋冬，年复一年。中南海西花厅的灯光常常笑迎启明星。

周恩来身边的工作人员说，周恩来工作日程通常是这样安排的：经过一个下午的紧张工作之后，稍事休息，又从晚间8点多钟开始投入工作，或召集会议研究工作，或接见外宾，或审批文件，一般都工作到凌晨三四点钟或者天亮，有时甚至工作到中午，每天大多只能睡四五个小时，有时只有两三个小时。

周恩来在北京是如此工作，到外地视察和出国访问也是如此。1961年4、5月间，周恩来到河北邯郸地区农村进行调查研究。他白天走村串户，召开座谈会，晚上处理公文。5月7日的工作日程是这样安排的：

晨2时——与汉夫就老挝问题通电话

3时——向主席作口头报告

上午10时——与许明、马列谈食堂菜地问题

12时——出发涉县

下午3时——到涉县县委谈话

3时40分——与堰头干部、社员谈话

6时——参观食堂

7时50分——始返

熊华源 / 文

晨曦初照的时候

关怀烈士子弟

1939 年 9 月，周恩来到莫斯科治疗伤臂。出院后的一天，他和邓颖超来到环境优美的莫尼诺国际儿童院，看望在这里学习的中国孩子们。

莫尼诺国际儿童院是国际救济组织创办的专门收养在白色恐怖下各国共产党领导人和革命者的子女或烈士遗孤的机构。在这里学习的中国孩子有瞿秋白的女儿瞿独伊，张太雷的儿子张芝明，赵世炎的儿子赵令超和赵施格，蔡和森的儿子蔡博，郭亮的儿子郭志成，还有毛泽东的儿子毛岸英和毛岸青，朱德的女儿朱敏等。

这些远离亲人的孩子们，日夜思念着祖国，思念着家人。今天，见到周伯伯和邓妈妈，他们真是欣喜若狂，一齐拥了上来，高兴得又蹦又跳。邓颖超赶忙从挎包里拿出从延安带来的大红枣分给孩子们。周恩来热情地和每个孩子打招呼，亲切地询问他们生活学习的情况，关心他们长大后想干些什么。孩子们有的说将来要当医生，有的说要当飞行员或工程师。苏河清也抢着说："我想考电影大学，学习摄影。"周恩来高兴地说："你想学摄影，好啊，我们延安还很少有人会拍电影，希望你学成后回国，多为八路军、根据地拍些影片。"周恩来鼓励教导孩子们："你们不仅要学习好，还要身体好，这样将来才能更好地参加祖国的建设。"

最后，周恩来、邓颖超还亲切地和孩子们合影留念。

刘春秀 / 文

周恩来、邓颖超和烈士子弟（左起：张芝明、郭志成、赵令超、赵施格）

右臂受伤之后

1939 年 9 月，莫斯科城一片洁白。

白雪覆盖的克里姆林宫医院住进一位中国病人，他就是周恩来。

一个多月前，从重庆回到延安的周恩来应邀到中央党校去做报告。那天，延河水涨，周恩来只能骑马去。行至途中，一件意外的事情发生了。周恩来骑的马突然受惊，把他从背上甩下来。周恩来的右臂撞在石崖上，造成粉碎性骨折。令人痛心的消息很快传遍延安。医生们匆匆赶来为他治伤。由于延安的医疗条件有限，大夫们尽了最大努力，但是周恩来的右臂一直处于半弯曲状态，无法伸直，右臂肌肉也出现萎缩。中共中央决定让周恩来到苏联治伤。

周恩来住进医院后，受到苏联党和政府的关怀。医院请了一批医学专家为他治疗。经过多次会诊，医生们提出两个方案供他选择，第一个方案是把肘骨拆开，重新接骨，好处是愈后胳膊可以运转自如，缺点是所需要的时间较长；第二个方案是不开刀，好处是治疗时间短，缺点是将来胳膊只能在四十至六十度以内活动。当时，中国的抗日战争正处于困难时期，国共之间已出现摩擦，许多工作等待着周恩来回去处理。面对革命的需要，周恩来果断地选择了后一个方案。他说："国内工作很忙，不允许我长期在国外治病。"

治疗骨伤非常痛苦。周恩来以惊人的毅力忍受着伤痛的折磨。他努力配合大夫的工作，一面接受治疗，一面咬紧牙关坚持锻炼。他的顽强精神深深感动了大夫和护士。

1940 年 3 月，骨伤未能完全治愈的周恩来匆匆赶回延安。

为尽早恢复右臂的功能，周恩来在繁忙的工作中仍加紧锻炼。

周恩来锻炼臂力
1940 年

延安的早春寒气逼人。每天清晨，周恩来悄悄地起床，迎着寒风站在窑洞前。他双手紧紧抓起一对哑铃，举起，放下，举起，放下。一遍又一遍，直到汗水浸透了内衣。

由于战争形势发展，周恩来无法再安心养伤。他带着伤残的右臂踏上新的征途……

廖心文 / 文

小扬眉，不要哭

抗日战争结束后的国共谈判期间，周恩来经常往返于重庆与延安之间。

一次，周恩来乘机飞往重庆，同机有一位聪明、漂亮的小姑娘叶扬眉。小扬眉是新四军军长叶挺的女儿。皖南事变中，叶挺被国民党反动派扣押。由于全国人民的声援、中国共产党的不懈努力，度过五年铁窗生涯的叶挺就要恢复自由了。小扬眉就是去重庆接爸爸出狱的。快要见到日思夜想的爸爸、妈妈和在狱中诞生的小弟弟了，小扬眉是多么高兴啊。飞机飞到秦岭上空时遇到了一股强大的冷气团。瞬间，机身蒙上了一层厚厚的冰甲，机翼和螺旋桨也都挂上了冰。飞机无法承受这突增的重量，沉甸甸地向下坠落……

人们意识到，一场生与死的考验到了。

机长一面命令机械师打开舱门，扔掉行李，减轻飞机的重量，以延缓下降的速度；一面要求机上十几名乘客系好降落伞，等候跳伞信号。

周恩来从座位上站起来，从容地系好降落伞。这时震耳的马达声中，忽然传来一阵嘤嘤的轻泣声。

周恩来寻声望去，只见小扬眉的座位下没有伞包。他立刻从摇摆的机舱中几步跨到小扬眉身边，解下身上的降落伞给小扬眉系上，鼓励她：“小扬眉，不要哭，勇敢点，学习你爸爸。”

望着周伯伯慈爱的面庞，小扬眉止住了哭泣，懂事地点了点头。

机上的人员都很感动，但又为周恩来的安全担心。有人提议周恩来还是用自己的降落伞，扬眉人小体轻，可以同别人合用一个。周恩来没有同意。

周恩来和叶扬眉
1942 年

驾驶员的高超技术，终于使飞机冲出了冷气团。飞机脱险了。

不久，小扬眉见到了亲爱的爸爸、妈妈和小弟弟。但是谁能想到，两个月后，小扬眉和父亲一起乘机返回延安时因飞机失事遇难。周恩来知道这一消息后泣不成声，为叶挺，也为可爱的小扬眉。

李　静 / 文

南京，我们是一定要回来的

1946 年 5 月 3 日，在国民党政府宣布还都后，周恩来率领中共代表团由重庆到达南京，继续坚持同国民党进行和平谈判。但是，国民党却一意孤行，在这年 6 月悍然发动了全面内战后，又在这年 11 月 15 日撕毁了政协决议，宣布单方面召开“国民大会”，一手关闭了和平的大门。

11 月 16 日下午，周恩来在梅园新村 17 号中共代表团会议室，举行告别性的中外记者招待会。到会记者非常多，很多人只得挤在门口和窗外旁听。

周恩来身穿一套黑呢中山装，目光炯炯有神，举止彬彬有礼。他指着挂在墙上的“国民党进攻解放区形势图”，向记者们揭露国民党发动全面内战、大举进攻解放区的罪行，并且声明：中国共产党绝不承认国民党一手包办的“国民大会”。

有位记者问：“假如‘国大’通过对中共下讨伐令，中共将何以自处？”

周恩来看了看这位记者，微笑着说：“那有什么不同呢？早就在打了。”“抗战前十年内战，抗战中八年摩擦，胜利后一年纠纷，都经历过了。”接着，他信心十足地说：“国民党对中共下讨伐令，我们也不怕，我们还是要为人民服务。只要不背叛人民，依靠人民，我们在中国的土地上一定有出路的。”他略为停顿了一下，对发问的记者说：“假如你是替我们担心的话，我可以告诉你，不要紧的。”

周恩来机智而诙谐的回答，赢得了记者们的阵阵笑声。

记者们提各式各样的问题，周恩来对答如流。他的讲话，有时慷慨

周恩来在记者招待会上　1946 年

激昂，有时慢语轻声；有时是冷静的分析，有时又是诚恳的解释。

会上，不少记者最想知道的是，中共能不能再回到南京。周恩来坚定地告诉他们：“我们是一定要回来的！”

历史的进程证实了周恩来的话。1949 年 4 月 23 日，中国人民解放军占领南京，国民党反动统治宣告结束。

熊华源 / 文

筹建新中国首届“内阁”

1949 年 10 月 1 日开国大典以后，被毛泽东亲切地称为“内阁总理”的周恩来，开始集中主要精力筹建新中国首届“内阁”——中央人民政府政务院。

对民主人士的安排，是周恩来筹建政务院时非常重视的一个问题。他认为：民主党派在争取中国人民解放事业的斗争中做出过重要贡献，因此各民主党派的主要领导人都应该有所安排。但是，怎样平衡却是一件极为复杂的事情。由于周恩来在国民党统治区工作的时间比较长，对各党派民主人士的情况比较熟悉并有密切的交往，因此民主人士的任职名单，大多数是由他提出来的，并且做了大量平衡与协调工作。

周恩来劝说德高望重的中国民主建国会主任委员黄炎培担任公职就是一例。黄炎培在旧中国曾多次拒绝旧政府的高官厚禄，1949 年 3 月来到解放后的北平也无意做官。

周恩来亲自前往黄炎培家中恳请他担任政府公职。但他仍抱定初衷，不愿做官。周恩来耐心地说：“这不同于在旧社会做官。现在是人民的政府，不是做官，是做事，是为人民服务。在政治协商会议上由各党派斟酌制定的《共同纲领》，就是为人民服务的‘剧本’，自己怎能不上台唱呢？”经过两个多小时恳谈，黄炎培被说动了，可是他表示还需要考虑考虑，第二天回话。

第二天晚上，周恩来再次登门听取黄炎培的答复。经过一整天反复思考和征求友人意见，黄炎培高高兴兴地表示愿意出任政务院副总理兼轻工业部部长。

在周恩来的精心安排下，各民主党派主要负责人和知名人士差不

开国大典　1949 年

多都进了政务院及其下属机构。对周恩来的这一安排，许多民主人士非常感动，称赞道："周总理不愧为'周'（指考虑问题周到、完备）总理啊！"

政务院的人事安排就绪后，10 月 21 日，周恩来召开政务院第一次政务会议，宣告政务院成立。此后，新政府各部门的工作迅速走上正轨，适应了"恢复生产，建设新中国"的需要，经过短短三年时间就胜利地完成了恢复国民经济的历史任务。

熊华源／文

亲绘首都建设蓝图

为把祖国的心脏——首都北京建设得更加美丽壮观，周恩来在新中国成立后一直关注着首都的城市建设。

周恩来不仅亲自审查首都城市建设的规模，而且不顾日夜运筹国内外、党内外大事的辛劳，亲临设计和建设现场指导。他提出了要紧紧掌握“适用、经济、美观”和切实保证质量的建设思想，总是鼓励设计人员“在建筑形式和艺术风格上，要古今内外，一切精华，皆为我用”，努力创作新的具有社会主义时代特点的建筑形式。

在周恩来的关怀和操劳下，庄严宏伟的人民大会堂、高高耸立的北京饭店、气宇轩昂的首都体育馆、塔罐林立的石景山石油化工区……以及平地崛起的簇簇建筑群，把首都装点得愈来愈好看。

首都的建设者们在追忆周恩来对首都城市建设的丰功伟绩时，无不思绪万千，并发出共同心声：“首都建设的蓝图，是我们敬爱的周总理亲手绘制的。”

熊华源／文

周恩来审查北京市东西长安街建设规划设计模型　1960 年

导师和长辈

1951 年 4 月 27 日，周恩来在中南海宴请第十世班禅。班禅是由青海塔尔寺赶来北京同西藏地方政府代表一起，和中央人民政府共同协商和平解放西藏的有关事宜的。这是班禅第一次到北京，也是第一次参加重要的政务活动，当时年仅十三岁。周恩来是最早接触班禅的中国共产党高级领导人。

宴会前，周恩来同班禅进行了长时间的亲切交谈。他从中国革命的胜利谈到了西藏解放后的前途，从藏汉两个兄弟民族的团结谈到了班禅、达赖两位活佛的关系，还从即将开始的和谈谈到了班禅在京期间的活动与食宿。

周恩来那具有特殊感染力的言语、真诚的态度和慈祥的微笑，给年幼的班禅留下了终生难忘的印象，对他以后的成长和所走的道路产生了深远影响。尽管当时的班禅还不能理解周恩来谈话的丰富内涵，但却意识到周恩来不但是共和国的卓越领导人，而且是自己最可信赖的导师和长辈。

谈话结束，周恩来快步来到宴会厅入口处，然后伸出左手请班禅先行；班禅则双手合十，微微弯腰低头，十分恭敬地请周恩来先行。他俩谦让一番后，周恩来挽着班禅右臂，并肩缓缓步入宴会厅。

自此以后，周恩来一直关怀着班禅的成长，充分发挥他在少数民族事务方面的特殊作用。1954 年班禅当选为全国人大常委会委员、全国政协副主席，1959 年当选为全国人大常委会副委员长、全国政协常委。

熊华源 / 文

周恩来接过洁白的哈达　1960 年

鹊报援朝胜利

1951 年 5 月，为了庆祝抗美援朝取得重大胜利，鼓舞和声援保家卫国的将士，文联、美协等单位和著名书画家共同发起举办了抗美援朝书画义卖展览会。

周恩来在百忙之中也来参观画展，著名革命家廖仲恺的夫人何香凝精心创作的一幅色彩明快的《喜鹊牡丹图》，引起了周恩来的注意。这幅画巧妙地将四只姿态各异的喜鹊、突兀怪异的巨石和绚丽多彩的牡丹组合在一起。喜鹊，自古以来就被人们看作吉祥、喜庆的征兆；顽强坚毅的巨石，代表着不可凌辱的中华民族的尊严；牡丹居百花之首，被喻为兴旺、美好的象征。何香凝老人带着满腔爱国热忱将祝贺胜利、希冀和平的心境深蕴在这幅花鸟图中。

周恩来十分欣赏何香凝老人的这幅佳作，欣然挥笔在画上题写了诗联：

鹊报援朝胜利

花贻抗美英雄

周恩来清秀潇洒的墨迹与香凝老人高雅不凡的画图，交相辉映，浑然一体，使七彩画图增添了神韵。更令人赞叹的是，周恩来将“抗美援朝”四个字巧妙地嵌入诗联中，既高度地概括了画面的内容，又开拓和深化了主题，赋予花鸟图鲜明的政治内容和强烈的时代气息。何香凝老人的这幅《喜鹊牡丹图》，因周总理题写了佳联，成为一件更加珍贵的艺术品。

刘春秀 / 文

周恩来向何香凝老人问好　1961 年

一定要将《中秋帖》《伯远帖》购回国

新中国成立初期，政务院有关部门获悉，香港一家外国银行里，一位叫郭昭俊的先生典当的我国晋代著名书法家王献之的《中秋帖》和王珣的《伯远帖》已经快要到期了，国外人士都在关注着这两件稀世之宝，千方百计想搞到手。

《中秋帖》《伯远帖》和晋代书法家王羲之的《快雪时晴帖》，被清代乾隆皇帝称为“千古墨妙，珠璧相联”的三件稀世之宝，深藏于故宫养心殿，并题藏室名为“三希堂”，以后的《三希堂法帖》就是由此得名。民国以来，由于连年战乱，故宫中的国宝大量流失各地。新中国成立后，周总理对于祖国优秀文化遗产的保护和收集工作给予了高度的重视。《中秋帖》和《伯远帖》的情况立即引起周总理的注意。他于1951年11月5日致信政务院文化教育委员会副主任马叙伦和文物局副局长王冶秋，指示他们一定要购回王献之的《中秋帖》和王珣的《伯远帖》，并安排文物鉴定人员前往鉴别真伪，具体指示购买文物所需费用先由我方在香港银行垫付，“待《中秋帖》及《伯远帖》运入国境后拨还”。

经过周总理严密的部署和有关部门的认真落实，两件稀世珍宝终于完好无损地回到国内，现收藏在国家级博物馆故宫博物院。

曾　自／文

周恩来在江西八大山人纪念馆观赏书画　1961 年

殷切希望

1953 年 5 月的一个星期天，天气晴朗，风和日丽。下午 2 点，周总理和邓大姐专程来到北京 101 中学，看望寄宿在这里的孩子们。

北京 101 中学的前身是我党在解放区为革命干部和烈士的子弟开办的一所供给制学校。新中国成立后，学校迁到北京，在圆明园的废墟上，师生们自己动手修建了校园。

听说周总理和邓妈妈来了，同学们高兴极了，都围拢来，争先恐后地问好。总理看着这些活泼可爱的少年娃娃，其中有的烈士的后代他还依稀认得出来，今天看见他们长高了，长大了，成熟了，心里非常高兴。

周总理关心地询问同学们："你们的伙食费一个月多少钱？""十元。""还给零用钱吗？""每月两元，还发衣服。"周总理环视校园，又问："你们这里有没有工农子弟？""没有。这是干部子弟学校。"同学们想也没想就回答了。"哦？"周总理像意识到了什么似的，沉默了几秒钟，他说，"你们的父兄是从劳动人民中成长起来的，在艰苦的革命斗争中，一直和人民群众打成一片，你们也应该这样做。党和人民政府一向认为，干部子弟不应该特殊化。"

同学们感到周总理提出了一个严肃的问题，都十分认真地听着。周总理爱惜地看了看同学们，加重语气说："你们听说过清朝的八旗子弟吗？八旗子弟就是贵胄子弟。"他给同学们讲了八旗子弟的故事。八旗子弟的父辈们都是能征善战的强者，他们最终夺得了天下，坐了江山。然而他们的子弟却从此养尊处优，游手好闲，再不骑马、习武，最后，帝国主义侵略中国，他们束手无策，只好投降。总理接着说："你们是无产阶级的后代，那完全是另一回事。你们的父辈为革命流血牺牲，对

周恩来看望在农村锻炼的大学生　1959 年

革命有功，但他们是无产阶级战士，既没有留下什么遗产，更不会留给你们任何特权。如果说留下了什么，那就是一副更艰巨、更光荣的革命重担。我们无产阶级应该是一代胜过一代！”

这一天，周总理语重心长的教诲使同学们终生难忘。

曾　自／文

同卓别林在一起

享誉世界影坛的英国电影艺术大师查理·卓别林，由于参加美国进步文化活动，受到麦卡锡主义的迫害，不得不满怀愤慨之情举家离开生活了近四十年的美国，来到瑞士韦威尔镇定居。

20世纪初欣赏过卓别林影片并留下深刻印象的周恩来，在1954年初夏率领中国代表团出席举世闻名的日内瓦会议期间，再度观看了卓别林自编自导自演的优秀故事片《城市之光》后，极为叹服这位天才电影艺术大师娴熟而巧妙地将深沉悲怆与幽默笑料熔为一炉的精湛演技。他决定在会议稍微松闲之时，邀请卓别林来日内瓦见面。

7月18日，卓别林偕夫人欣然应邀前往中国代表团驻地花山别墅同周恩来相聚。花山别墅是一幢乳白色的老式三层建筑，位于景色秀丽的日内瓦莱蒙湖畔，环境幽雅，令人赏心悦目。

当卓别林和夫人来到花山别墅时，周恩来早已在别墅门前迎候多时了。“四十年前，我就在银幕上认识您了！”周恩来的双手紧紧握着卓别林的手，热情洋溢地称赞他的艺术天才，尤其盛赞了他抨击资本主义制度弊病的影片《城市之光》。

卓别林关切地询问了正在进行的日内瓦会议的情况。当周恩来坦然而平静地告诉他印度支那和平即将实现时，这位曾以电影艺术为武器，同法西斯做过坚决斗争的国际和平运动的卓越战士，会意而欣慰地笑了起来，连声称赞周恩来“是决定和平的关键性人物，为日内瓦会议做出了积极贡献”，并对周恩来卓越的政治家风度和超凡的外交家才干深深地表示钦佩。

不知不觉中几个小时过去了。离别时，周恩来和卓别林及夫人合影

周恩来和卓别林　1954 年

留念。卓别林激动地说："今天是我毕生难忘的一天。"

熊华源 / 文

中国代表团是来求团结的

1955 年 4 月 18 日，亚非会议在印度尼西亚美丽的城市万隆开幕。二十九个国家的政府首脑聚集一堂，商讨共同关心的问题——如何最有效地摆脱帝国主义的羁绊，维护亚非新生国家的政治和经济独立。

会上，许多发言奠定了会议的基调——加强亚非国家反帝反殖的团结。然而，有些发言表现出对中国心存疑惧，还有的代表甚至对新中国的形象及政策有误解，乃至发表歪曲的言论。

会议气氛相当紧张，必须迅速做出反应。

第二天下午轮到中国发言。周恩来身着灰色中山装，健步登上讲台。“中国代表团是来求团结而不是来吵架的。”周恩来的第一句话就震撼了全场。“我们共产党人从不讳言我们相信共产主义和认为社会主义制度是好的。但是，在这个会议上用不着来宣传个人的思想意识和各国的政治制度，虽然这种不同在我们中间是存在的。中国代表团是来求团结而不是来立异的。从解除殖民主义痛苦和灾难中找共同基础，我们就很容易互相了解和尊重、互相同情和支持，而不是互相疑虑和恐惧、互相排斥和对立。”

周恩来因卓越的外交才华而受到与会代表的尊敬。

在历时一个星期的会议期间，周恩来几乎夜以继日地工作，往往是一整天的会议后，还要会见各国代表、进步华侨和新闻记者。每次周恩来一出场，就会被代表、记者、工作人员包围，请求签名。周恩来总是不厌其烦地签着，签着——他把中国的和平主张也倾注在了那小小的笔尖上……

万隆会议获得了成功，通过了万隆会议的十项原则。这十项原则包

周恩来在万隆会议上为各国朋友签名留念　1955 年

括和平共处五项原则的精神，为亚非国家，后来又为拉美国家奠定了指导双边和多边关系的行动准则的基础。

李　静 / 文

白石老人开怀笑

新中国诞生后，饱经沧桑、年近九旬的齐白石老人焕发出艺术创作的青春。他讴歌新中国，赞美新生活，挥毫泼墨，画兴日浓。白石老人在艺术上的成就，使时刻关心着他的周总理由衷地高兴。

为了使白石老人生活得更舒适、清静，有利于他的艺术创作，周总理亲自过问安排，将白石老人迁到雨儿胡同一所宽敞明亮的新住宅居住。然而，日子久了，一向喜欢和家人同处的老人不免产生孤独的感觉，想搬回昔日的老宅，他多么想把心里的话向周总理讲讲啊。初春的一天，白石老人在儿子的陪同下驱车来到中南海。不巧，周总理开会没有回来。等候片刻，裹着一身寒气的周总理从屋外进来，看到白石老人在那里等候，他急忙上前拉着老人的手嘘寒问暖。

这时午饭时间已过，总理和白石老人都还没有吃饭，工作人员端上几碗热腾腾的面条来。总理略带歉意地说："真对不起，没有约定，只好请你们这些'不速之客'吃面条了，大家同甘共苦。"在场的人都笑了。

吃着吃着，总理似想起什么，脱口吟诵起来："不独老萍知此味，先人三代咬其根。"这是齐白石在20世纪40年代画的白菜图的题诗，表现了老人淡泊明志，不忘苦难生活的感情。见总理不但知晓此诗，还能只字不差地朗朗诵出，白石老人感动不已，连说"好啊，好啊"，开怀大笑，银丝飘逸。

饭后，总理明白了老人的来意，亲自将他送回跨车胡同的旧宅。落座片刻，家人按白石老人的吩咐从街上买来新鲜苹果。总理接过苹果削了一个递给白石老人，老人推让说："请客人先用，您也是'不速之客'，

周恩来祝贺齐白石九十三岁寿辰　1953 年

我们没有什么准备，对不住，对不住。”

总理笑着答：“今天款待我吃苹果，蛮不错嘛，比您过去‘寒夜客来茶当酒’强多了。”听到此言，老人又笑得前仰后合。原来，那是齐白石创作于 20 世纪 30 年代的一幅画的题诗，这幅画许多人都没有见过，而今天周总理却能随口道来，且用得恰到好处。周总理对他的诗画了解得如此透彻，对他的人品如此敬重，怎能不使这位老画人倍感亲切呢？

曾　自 / 文

建设需要知识分子

1957年3月的杭州风和日丽。周恩来利用陪同外国政府代表团到杭州参观的机会，来到南山招待所看望正在这里疗养的著名地质学家李四光。

交谈中，周恩来直率地问李四光："李老，这么多年未曾见你向组织提出过入党申请，不知你对参加共产党有什么想法？"

李四光迟疑了一下，但终于被周恩来那诚恳的目光所感动，禁不住将久蓄心底的愿望以及为什么迟迟没有向党提出申请的原因和盘托出："在旧社会，我缺乏觉悟，没有投身革命队伍，感到很惭愧。新中国建立后，我虽然为国家建设出了一些力，但离一个共产党员的标准还相差太远。现在我年龄大了，身体又不好，入了党也不一定能起到一个共产党员的先锋作用。"

周恩来理解李四光的心情，恳切地说："李老，您可以把自己的想法同地质部党组、科学院党组的负责同志谈谈。但您要知道，入党后可以更直接地接受党的领导和教育，可以更好地为党工作。现在我们搞社会主义建设，很需要知识分子呀！"

周恩来的一席话，打消了李四光的顾虑、犹豫。不久，他向党组织提出了入党申请。这年11月，李四光病情加重住进北京医院。实施手术的前一天，周恩来来到医院，亲自审阅手术方案，询问手术中可能发生的情况以及处理办法。他鼓励李四光要增强战胜疾病的信心。周恩来的关怀使李四光感到极大的安慰。

手术后，周恩来来看望李四光。李四光很感动，拉着周恩来的手连声道谢。

周恩来同李四光亲切交谈　1952年

周恩来又问起李四光的入党问题，问他考虑得怎么样了。他激动地说：“我的入党申请书已经写好了，请党考验我吧。”

1958年底，李四光加入了中国共产党。

李四光入党后更加努力地工作。1959年，他完成了科学名著《地质力学概论》。同时，他又和其他地质工作者一起，在找矿以及开发地热、地下水方面取得了许多重大成果。

李　静／文

一束鲜花

1957 年 10 月 20 日下午，周恩来来到北京体育学院运动场，观看运动员的训练比赛。周总理的到来，使我国跳高名将郑凤荣格外激动，因为今天她就要向世界纪录冲击了。周总理能来观看，她心里怎么能不激动呢？她沉着地做着赛前的准备工作。

忽然，大会主席台的高音喇叭里播送了一条紧急通知："因故，女子跳高比赛提前进行。"郑凤荣不免有些紧张起来。

比赛开始，郑凤荣稳定了一下情绪，顺利地跳过了 1.70 米，要求跳 1.75 米。她想打破前不久自己在上海跳过的 1.74 米的全国纪录，这样就可以在这个基础上向 1.76 米的女子跳高世界纪录冲击。但是，由于急于求成，没有成功。她心里难过极了。

一位工作人员走过来说："郑凤荣，周总理请你去主席台。"

郑凤荣忐忑不安地来到周恩来面前。

"咦，怎么垂头丧气的呀？"周恩来和蔼地问。

郑凤荣握着周恩来伸过来的大手，惭愧地说："周总理，我，我没有跳好。"

周恩来把一束鲜花送给郑凤荣："怎么不好？跳得很好嘛。你还年轻，时间还长着哩！"

听着周总理亲切的话语，望着手中那争奇斗艳的鲜花，郑凤荣的泪水夺眶而出。

周总理慈祥地拍拍她的肩膀说："小郑，不要难过嘛！要做到胜不骄，败不馁。这样才能成为一名优秀的运动员。"

郑凤荣擦去泪水，若有所思地点点头。

周恩来鼓励郑凤荣再接再厉　1957 年

周恩来又问郑凤荣："你为什么要光着一只脚跳高呀？"

"习惯。"郑凤荣不好意思地说。

"光脚容易受伤，你可要小心呀。"

周恩来的鼓励和关怀，像一股暖流传遍郑凤荣的全身。

二十几天后，郑凤荣终于以 1.77 米的成绩打破了女子跳高世界纪录。

此时，她又想起了那束鲜花，那束永远盛开在她心田的花……

李　静／文

在孩子们中间

1957 年 11 月 7 日，北京市少年宫在景山公园举行盛大的少年儿童游园联欢会，庆祝十月革命胜利四十周年。

节日的公园，鲜花盛开，彩旗飞扬，到处充满孩子们的欢歌笑语。

下午 3 时左右，周恩来在百忙中来到景山公园看望孩子们。他事先没有通知有关部门。当游园指挥部的同志闻讯赶到东门迎接时，他早已来到了孩子们中间。

“周总理来参加我们的游园联欢会啦！”这一令人兴奋的消息很快在景山公园传开了。孩子们沸腾了。

周恩来和奔跑着来到他面前的孩子一一握手，亲切地问他们叫什么名字，在哪所学校上学，读几年级。孩子们像一只只百灵鸟，争先恐后地回答着周恩来的问题。

“你们记不记得毛主席是怎么教导你们的？”周恩来又和蔼地问。

“记得。毛主席教导我们要‘好好学习，天天向上’。”孩子们异口同声地回答。

周恩来高兴地说：“你们一定要遵照毛主席的教导去做，做毛主席的好孩子。”

周恩来又对少年宫负责同志说：“你们担负着培养革命接班人的任务，很光荣。你们要用毛泽东思想教育孩子们，使孩子们在德、智、体几个方面都得到发展。”

周恩来来到游艺区。正在做游戏的孩子们见周总理走过来，高兴地欢呼起来：“周总理来啦！”“周总理来啦！”

周恩来被欢呼雀跃的孩子们紧紧地簇拥着。

周恩来看孩子们做游戏　1957 年

“孩子们，继续玩吧。”周恩来说完，来到“钓鱼”游戏旁，兴致勃勃地观看孩子们“钓鱼”。看着，看着，他也饶有兴趣地拿起“钓鱼竿”加入了孩子们“钓鱼”的行列。

孩子们看到敬爱的周总理和他们一起“钓鱼”，真是开心极了，一个个苹果似的小脸上荡漾起幸福甜蜜的笑意。

周恩来走了，但孩子们仿佛感到周总理仍和他们在一起。

李　静 / 文

第一次看绍剧

周恩来祖籍浙江绍兴，但是，他第一次看故乡的绍剧却是在近六十岁那年。

1957 年 12 月下旬，周恩来陪外宾到上海参观。陈毅副总理对他说："到了上海，一定要请外宾看看浙江的绍剧。"

正在萧山演出的浙江绍剧团接到赴上海为外宾演出的任务，非常高兴。但是，究竟有哪些中央首长陪同观看，他们并不清楚。

12 月 24 日晚，上海中苏友好大厦小礼堂内，灯火通明，气氛热烈。正在后台化妆的演员们听说是周恩来陪外宾来看演出，心里十分激动。他们决心一定要演好这场戏。

这时，周恩来正陪外宾坐在观众席上，他望着即将拉开的大幕，往日慈祥的目光又增添了一份亲情。他想起 1939 年春天到皖南视察新四军时回故乡探望亲友的情景。从那以后他再也没有回去过。今天，能够在这里看一场故乡的戏，他的心情十分不平静。

大幕缓缓地拉开……

先是俞振飞和言慧珠合演的昆曲《长生殿》，接着是章宗义（六龄童）主演的绍剧《闹天宫》。两出戏一文一武，各有特色。演员们精湛的技艺引起观众席上一阵阵热烈的掌声。特别是后一出戏，当扮相潇洒、神态逼真的美猴王亮相出场时，外宾们惊讶地睁大眼睛拍手叫好，周恩来也高兴地鼓起掌来。

演出结束后，周恩来和外国朋友一起走上舞台。他热情地同俞振飞、言慧珠等握手谈笑。走到章宗义面前，周恩来亲切地对他说："我是绍兴人，可是看绍剧还是第一次。你们演得很好，外宾看了很满意。"

周恩来抱起了小六龄童　1957 年

这时，周恩来低头看见章宗义的儿子小六龄童正望着他，一双明亮的大眼睛一闪一闪的。小六龄童在戏中扮演天真无邪的小罗猴。周恩来高兴地把他抱起来。摄影记者按下快门，留下这幸福的时刻。周恩来亲切地问他：“你几岁了？”小六龄童回答：“八岁。”周恩来转过身对章宗义说：“文艺事业需要接班人，你要把后一代带出来，多培养几个小六龄童呀！”

廖心文／文

特大洪峰发生后

1958 年 7 月 18 日上午，正在上海开会的周恩来突然接到黄河防汛总指挥部的急电：黄河下游出现了特大洪水，7 月 17 日夜洪峰到达花园口。流量达 22300 立方米 / 秒的洪峰，异常凶猛，浊浪排空，一出峡谷就把黄河铁桥冲断两孔。周恩来立刻乘专机飞临黄河上空视察险情。

下午 4 时，周恩来到达郑州，听取了黄河水利委员会主任王化云等人关于黄河防汛问题的汇报。当时，迫在眉睫的问题是分洪，还是滞洪。分洪，固然可以保证黄河下游一带狭窄河道的安全，却要淹没上百万人口的地区；滞洪，又唯恐一旦洪水决堤，人民生命财产将会蒙受更大的损失。

周恩来根据有关同志提供的洪水来源、气象预报、上下游测出的各种数据，以及他观察的沿程水位情况，果断做出不开分洪区的决定。他说："各方面的情况你们都考虑了，只要两省（河南、陕西）省委全力加强防守，党政军民齐动员，一定能战胜洪水，确保安全。"

当晚 10 时，周恩来又登上列车，赶往邙山脚下的黄河岸边，察看抢修黄河铁桥的情况。在火车上，他详细询问了黄河铁桥修建史和被洪水冲毁的情况。抵达桥头后，周恩来查看了现场，并和抢修黄河铁桥的铁路职工谈话。这时，忽然下起雨来。周恩来冒雨鼓励大家："你们劲头很大，要同暴风雨和洪水斗争，尽快修复大桥。我代表党中央感谢你们！"

周恩来还和郑州铁路局的领导干部、工人研究抢修铁桥的具体办法，并给中央军委打电话，要工程兵立即投入战斗，在黄河上抢修一座浮桥。

周恩来回到列车上已是凌晨 2 点。他不顾劳累，又同王化云研究了

周恩来在黄河三门峡大坝工地视察　1959 年

变黄河水患为水利的问题。这一天，周总理连续工作了十八个小时。

刘春秀 / 文

会见特赦战犯

1959 年 12 月 14 日，周恩来在自己的家中——中南海西花厅，亲切会见了第一批特赦的国民党高级战犯。他们之中大多是黄埔军校毕业生。大革命时期，周恩来曾在这所军校任教。

那天，客人们走下汽车，才知道来到了周恩来家中，心情格外激动。西花厅清洁、简朴的院落，使大家感慨万分。因为周恩来临时有事，他们被引进客厅等候。

不一会儿，周恩来满面笑容地进来，和他一起来的还有陈毅副总理、习仲勋副总理等。客人们站起来，在他们眼中，周恩来同过去一样，英气勃勃，风采不减当年。

周恩来摆手请大家坐下，他亲切地环视一周，逐一问起每个人特赦后的身体情况和家庭状况。

当他的目光落到原黄埔一期生，解放战争时期任国民党东北保安司令长官，后任徐州“剿总”副司令的杜聿明身上时，杜聿明面有愧色地对周恩来说：“学生对不起老师，没有听老师的话。”周恩来忙说：“这不怪你们，怪我这个当老师的没有教好。”一席话感动了在座所有的人。后来有人回忆说：“总理慈祥的态度、亲切的谈话有如阵阵暖流，沁人心脾，使我们紧张的心情消失殆尽。”

在祥和的气氛中，周恩来话归正题。他说：“你们放出来几天了，有些问题先谈一谈好。我们党和政府是说话算话的，是有原则的。我们是根据民族利益、人民利益来释放你们的。”

为使他们在新生活的道路上有所遵循，周恩来要他们着重解决立场问题、观点问题、工作和生活问题、前途问题。接着，周恩来又说到对

周恩来在颐和园宴请原黄埔军校学生、国民党高级将领　1960 年

他们的工作和生活的安排，嘱咐他们:“有什么不如意的事，可以写信与统战部联系。”

周恩来的谆谆教诲像一阵春风，把党的统战政策送到每个人心中。他们之中后来有人说:“这种对待俘虏的做法，自古以来从没有过。我为什么拥护共产党，因为我是过来人，我看到过国民党的兴盛，也看到过它的衰败。我为国民党做过十九年事，又在共产党领导下工作了二十多年，我感到只有共产党才有这种胸怀。而周恩来使我形象化地认识了共产党。”

廖心文 / 文

孩子们洗上了温泉澡

一个寒冷的冬天，周恩来来到广东省从化县温泉大队幼儿园。

幼儿园的小朋友看见周爷爷可高兴了，争先恐后地向周爷爷问好。周恩来亲切地拉拉这个小朋友的手，摸摸那个小朋友的头，连声说："小朋友们好！小朋友们好！"他参观了孩子们的教室、活动场所、食堂、卧室，详细询问了幼儿教育和孩子们的健康情况。

过了一会儿，他像忽然想起了什么，问身边的老师："怎么没看见浴室？"老师的脸上闪现出一丝愁容："眼下还没有浴室。"

周恩来转过头问陪同参观的大队干部："社员们有没有洗澡的地方？"

"没有。"大队干部如实说。

周恩来的神情严肃起来。他对大队干部说："你们要想办法建浴室，让孩子们和社员都能方便地用上温泉水。这可是关系到人民健康的大事呀！"

"知道了，总理，我们一定按照您说的去做。"大队干部向周恩来保证。

离开温泉大队后，周恩来还是放心不下这件事。途经广州时，他又特意向有关部门反映了这一情况。他语重心长地对有关部门的同志说："你们在温泉修建了那么多的房子给我们住，还随时可以洗上温泉澡。可是祖祖辈辈居住在那里的老百姓至今还没有一个温泉浴室，我心里不安哪！"

停了一会儿，他又说："我倡议，凡是到温泉休养的同志，都要捐点款，为老百姓建造温泉浴室出点力。我和邓颖超带头，每人捐一百元。"

在场的同志深受感动，表示一定要把这件事办好，并说周总理和邓大姐的钱就不要拿了。

周总理和小女孩

周恩来离开广州前派人送来了二百元人民币。

不久，广东省有关部门专门拨了一笔款和一些建筑材料，帮助温泉地区人民修建浴室。

经过一个春天的奋战，一座崭新的温泉浴室终于建成。从此，温泉地区的社员和孩子再也不用为洗澡发愁了。

李　静／文

关怀末代皇帝

溥仪是中国历史上最后一位皇帝。

1959 年 12 月，关押在抚顺战犯管理所的溥仪得到政府的宽大和人民的谅解，被特赦出狱了。

走出监狱的铁门，对溥仪来说，意味着新生活的开始。下一步究竟怎么走，是他面临的重大问题。

可是，他做梦也不会想到，自己的步子还没有迈出，就受到了周恩来的关怀。

1960 年初，周恩来邀请溥仪以及他的叔叔载涛、弟弟金友之、妹妹金欣如、金蕊秀、金韫娱、金志坚到家里做客。

周恩来的主要目的，是想谈谈溥仪的工作安排问题。

寒暄之后，周恩来亲切地问他："你想搞什么工作呢？"

溥仪鼓起勇气回答："搞轻工业或到公社工作都可以。"

周恩来稍加思索后说："我看，你到哪个部或哪个研究所都好，一边学习，一边工作。不过，最后还是由你自己选择。"

他嘱咐溥仪先去检查身体，然后订出三年计划，学一点自然科学，学一点本事。

溥仪感激地点点头。

溥仪写的自传《我的前半生》，周恩来也很关心。他对这本书的写作，从指导思想到内容都提出了许多宝贵意见。书出版后，他还抽空看了其中的部分章节。

有一次，周恩来在会见溥仪时对他说："你的书基本上是同旧社会宣战，这不是容易的事。末代皇帝肯这样暴露旧社会不容易。但书中还

周恩来和爱新觉罗·溥仪　1960 年

应该表现你是如何转变成新人的。”溥仪十分感动。他没有想到周恩来不但亲自看了他的书，而且看得那么认真。他同时又感到十分惭愧。听了周恩来的话，他表示，一定要进一步改好这本书，让后人了解一个过去剥削压迫人民的皇帝今天如何变成了自食其力的公民。

廖心文 / 文

贵州大有希望

“我在长征时来过贵州，这次又来，要多和贵州人民见见面。”这是周恩来在访问缅甸、印度、尼泊尔之后，于1960年4月30日风尘仆仆地抵达贵阳时，对身边的工作人员所做的郑重交代。他是要充分利用时间，到处走一走、看一看，以便更多地了解获得新生的贵州各族人民的生活和建设的情况。

4月30日，他刚下飞机不久，就来到贵阳花溪河畔，看望下乡支农的贵阳第一中学的学生，勉励他们好好劳动，把自己锻炼成为革命事业的接班人。

5月1日，他同贵阳六万多人民群众一起欢度五一国际劳动节。

5月2日，在视察贵阳花溪区委后，他又会见了省市党政军、民主党派、群众团体负责人以及各条战线的劳动模范和少数民族代表。深夜，当他看到花溪公社的苗族、布依族和汉族社员还在地里抢收庄稼时，便委托邓颖超打电话给花溪区委，要区委关心社员的休息，注意劳逸结合。

5月3日，他视察贵阳钢铁厂，步行八华里，向生产第一线的干部、工人和技术人员表示亲切的慰问。随后，他又接见省市机关、部队和群众团体干部一千多人。

周恩来对贵州人民深情地说：“过去流传的‘天无三日晴，地无三里平，人无三分银’应该从根本上否定。贵州山川秀丽，气候宜人，资源丰富，人民勤劳，只要贵州各族人民在中国共产党的领导下，加强团结，努力工作，那么，贵州的社会主义建设必将后来居上，大有希望。”

熊华源／文

促膝谈心　1960 年

胜不骄，败不馁

1961 年 4 月，第二十六届世界乒乓球锦标赛在北京举行。这次大赛中，我国乒乓球队首次荣获男子团体世界冠军，庄则栋、丘钟惠还分别获得男、女单打冠军。

体育健儿为国争光，举国上下一片欢腾。我国参加第二十六届世界乒乓球锦标赛组委会为此举行了盛大的联欢会。周总理一直十分关心我国体育事业的发展，这天，他也怀着异常兴奋的心情来到联欢会场。席间，他向早已十分熟悉的乒乓球运动健将频频举杯祝贺，并勉励他们“胜不骄，败不馁”。在场的贺龙、陈毅元帅也高兴地向运动员表示祝贺。

看着周总理亲切的笑脸，听着他的谆谆教导，运动员们又想起周总理对他们的殷切关怀。1959 年，容国团在第二十五届世界乒乓球锦标赛中夺得男子单打世界冠军，队员们载誉归来，周总理专门宴请了他们。总理亲切的话语至今仍回响在队员们耳边：“胜而不骄，败而不馁，埋头苦练，生生不已。”

他们更忘不了，在这次比赛前，他们因担心打不出上一届的好成绩，心情比较紧张。周总理知道后，特意请陈毅给他们带话，热情地鼓励他们：“要在战略上藐视困难，战术上重视困难，力争打出风格，打出水平。”

今天，在庆功宴会上，体育健儿怎能不为周总理的关怀所感动、所鼓舞！他们决心勤学苦练，再创更好的成绩，不辜负党和人民的期望。

刘春秀／文

祝贺（右二为庄则栋，右三为徐寅生，右五为丘钟惠） 1961 年

张二廷说的是真理

在三年“大跃进”给国民经济带来严重困难的1961年4、5月间，周恩来响应党中央和毛泽东发出的大兴调查研究之风的号召，到河北邯郸地区调查。

5月3日，在朝阳和春风的伴随下，周恩来身穿半旧藏青色衣服，脚踩一双半旧圆口布鞋，精神抖擞地来到武安县伯延公社。他不辞辛劳，走村串户，就广大农民最关心的问题找基层干部和社员谈话，开座谈会，认真听取他们对党的农民政策的意见。

周恩来初到之时，这里的强迫命令、浮夸风和“共产风”仍很严重，广大社员还不敢讲真话。但在4日下午的座谈会上，一位年近五十、性格开朗的名叫张二廷的社员的发言，却十分坦诚直率，引起了周恩来的注意。

座谈会结束后，周恩来悄悄地跟在张二廷的后面来到他家。刚一进门，周恩来就亲切地高声叫着：“二廷，二廷，在哪屋住？”张二廷听见是周恩来的呼唤声，急忙跑到院子里，噙着眼泪说：“周总理，快到屋里坐。”

“以后不要叫我总理，叫我老周就行。”周恩来一边说着，一边热情地拉着他的手走进屋里，就像久别重逢的亲人，同他拉起了家常。

张二廷见周恩来这样平易近人，便毫无顾忌地坦诚直言：“这两年生活一年不如一年。”并指着他说：“如果这样下去，连你也会没有吃的。”

随后赶来的地委干部没料到张二廷嘴里会冒出这么一句话来，十分尴尬，连忙解释说：“这人是个落后分子。”周恩来不以为然，看了看这个干部，和颜悦色地说：“这样看不对。张二廷说的是真理。只有当他

周恩来进行调查研究　1961 年

把我们看作是自己人时，才会说这样的话。这是一针见血的话。”

二十多天后，周恩来在中央会议上仍然感慨地说：“这个社员劳动很好。他的这句话对我教育很大，我很受感动。这是我在调查中所听到的最生动的一句话。”

熊华源 / 文

赵丹说“我不怕总理”

1961 年 6 月，周恩来在全国文艺工作座谈会和全国电影故事片创作会议上的讲话中，谈到了小说《达吉和她的父亲》，并把它和电影作了比较。周恩来说：“《达吉和她的父亲》，小说和电影我都看了，各有所长。小说比较粗犷，表现了彝族人民的性格，但粗糙些。电影加工较小说好。”

著名的电影表演艺术家赵丹聆听了周恩来的这一讲话。

7 月 1 日是中国共产党的诞生纪念日。这一天，周恩来和参加故事片创作会议的代表兴致勃勃地来到香山，举行登山活动。

翠谷青青，风和日丽。大家愉快地随周恩来拾级而上。与周总理并行的赵丹抓住时机说：“总理，我对您的讲话有点不同意见。”

“噢，什么意见？”周恩来微笑地看着赵丹，诚恳地问。

“您说《达吉和她的父亲》电影比小说好，可我看还是小说好。”

“我认为影片的时代感比较强，场景选择得广阔……”

“那不过是电影这门综合艺术的表现手段比小说丰富罢了。”赵丹毫不示弱。

他俩各抒己见，坚持着各自的观点。

最后，赵丹执拗地说：“总理，不管怎么说，我仍然觉得小说比电影好。我保留自己的意见。”

周恩来停下脚步看了看赵丹，畅快地说：“你完全可以保留你的意见。我也可以保留我的意见。你赵丹是一家之言，我周恩来也是一家之言嘛！”

说完周恩来哈哈大笑起来，赵丹也笑了，在场的人都笑了。

周恩来游香山　1961 年

周恩来就是这样，从不因为自己是总理就把自己的意见强加给别人。

周恩来辞世后，赵丹回忆这段往事时，曾不无感慨地说："我有时很怕部长、书记，但是我不怕总理。"

刘春秀 / 文

就以你们做民主的据点

1962 年 4 月 30 日，正是春暖花开的日子。全国青联四届一次会议的会场上洋溢着欢乐的气氛，当周恩来的身影出现在主席台上时，会场上爆发出雷鸣般的掌声。这掌声包含了年轻一代对他的崇敬和爱戴。一些熟悉周恩来的“老”代表看到他为操劳国事而又增添的根根白发，止不住淌下了热泪。他们似乎有些后悔，为什么写了那封信来增加周恩来的负担。

上个月，周恩来在二届全国人大三次会议上做政府工作报告时，对 1958 年“大跃进”以来党探索社会主义建设的道路进行了总结。他在充分肯定成绩的前提下，指出了党由于缺乏经验产生的缺点和错误，并对此主动承担了责任。这些认识能否得到人民的理解是很重要的。因此，周恩来非常注意收集和听取各方面对报告的反映。人大会后不久，周恩来收到许多来信，其中一封是全国青联代表写来的。

全国青联四届一次会议开幕前一天，周恩来反复思索在会上讲些什么。青年人热情、勇敢，最少保守思想；但他们阅历浅，看问题往往拘于表面而忽略本质。因此，明天的谈话不能就问题而论，要从认识问题的方法上引导青年……直到深夜上了床，周恩来还在考虑第二天的发言。这一夜，他失眠了。

现在，他看到台下的青年一个个朝气勃勃，非常高兴，一夜的疲倦消失殆尽。他举起双臂，招呼大家坐下，会场很快肃静下来。

周恩来说：“你们要我同你们交换意见，那好，我也向你们提出一个条件。我回答你们一些问题，你们得反映给我一点意见。”诙谐的开场白引发了全场欢乐的笑声。“对我的发言你们要做到四点：一是同意；

周恩来和各界青年在一起　1962 年

二是反对；三是补充；四是怀疑。做到这四点才算是民主。我就以你们青联三百多位同志作为民主的据点。”

代表们以热烈的掌声把会议推向高潮。

廖心文 / 文

每人每月节约一斤粮

1962年初夏，周总理到大连视察，住在大连宾馆。时值三年经济困难时期，周总理心中最最惦念的是关系到国计民生的粮食问题。

夜深了，周总理还在灯下批阅文件，服务员小刘轻轻推门进来，为总理倒杯热开水。看见这位年轻的小服务员，总理忽然想到什么，他请小刘坐下，亲切地攀谈起来。

“小刘，你家的粮食够吃吗？”

“紧是紧一些，但基本够吃。听家里老人讲，要是在旧社会，遇到这么大的灾害，还不知要饿死多少人呢。现在虽然有些困难，但有党中央的领导，困难会克服的。”

听了小刘的回答，总理满意地笑了。接着他略带严肃地说：“今晚请你坐一会儿，就是要同你商量一下克服眼前困难的事。”

“和我商量？”小刘显出惊异和激动。

总理和缓地说：“目前正是农村大忙季节，又是青黄不接的季节，社员们农活重，又吃不饱，不易呀！小刘你懂吗？”小刘圆睁着明亮的大眼睛，点点头：“懂。”总理接着说：“为了保证夏锄的顺利完成，需要给农村调拨些粮食，可是现在国家有困难，拿不出更多的粮食调往农村。所以我想提一个建议，请城市的同志每人每月节约一斤粮食支援夏锄，你看行不行？我给你一个任务，请你向家里人和周围的同志征求一下意见，不要说是我说的，商量的结果尽快告诉我，一定要讲真实情况。”

两天后，小刘兴高采烈地向总理汇报了调查的情况：大家都说这个办法好，每人一个月节约一斤粮，也就是一天节约三钱粮，每顿饭只少吃一两口，但夏锄得到了保证，就会换来今年粮食大丰收。大家说保证

周恩来拾麦穗　1957 年

能做到。

经过一番认真的调查研究后，周总理与当地负责同志商量，要把当前的困难如实地告诉人民，相信和依靠人民群众，克服暂时的困难。先党内，后党外；先干部，后群众，动员大家节约粮食，支援农村夏锄。总理的指示很快传达下去，东北三省各个城区掀起了一个自力更生，挖掘潜力，城市支援农村，共同渡过难关的群众性节粮热潮，这一方案的落实，有力地支援了当年的农业生产。

曾　自／文

向雷锋同志学习

雷锋是中国人民解放军沈阳部队工程兵某部运输连班长、共产党员。他全心全意为人民服务，是毛泽东思想哺育下成长起来的优秀的共产主义战士。1962 年 8 月 15 日不幸因公殉职。

1963 年 3 月 5 日，毛泽东主席发出伟大号召：“向雷锋同志学习。”

这天晚上，中南海西花厅，周恩来总理办公室的灯光彻夜通明。忙碌了一天的总理，在灯下认真阅读雷锋日记和有关雷锋事迹的报道。他为雷锋的先进思想和模范行为而感动，提笔写下了著名的题词：

向雷锋同志学习

憎爱分明的阶级立场

言行一致的革命精神

公而忘私的共产主义风格

奋不顾身的无产阶级斗志

3 月 29 日，周恩来又参观了“雷锋同志模范事迹展览”。他对身边的工作人员说：“你们要好好向雷锋同志学习。我也要向雷锋同志学习。”

刘春秀 / 文

周恩来参观雷锋事迹展览　1963 年

难忘的航程

1965 年 6 月 1 日，一架标着周总理亲笔题写的“中国民航”四个大字的银色飞机从北京的机场起飞了。这是一次难忘的航程，中国民航的飞机载着周总理率领的出访坦桑尼亚的中国政府代表团，第一次飞出国门，走向世界。

过去中国领导人出访，一直是租用外国民航公司的飞机。周总理十分关注我国民航事业的发展，鼓励民航的同志，早日开辟国际航行业务，我们的飞机“一定要飞出去”。

今天，周总理终于乘坐中国民航的飞机远航，他怎能不激情满怀。当飞机飞越天险喀喇昆仑山脉时，放眼望去，万里碧空，千仞冰峰，一轮红日正冉冉升起，周总理情不自禁地唱起了《红梅赞》。机组人员和飞机上的同志都被总理的豪情所感染，打着拍子和总理一起唱起来：“红岩上红梅开，千里冰霜脚下踩，三九严寒何所惧，一片丹心向阳开……”一时间，情系穹宇，歌飞天外。

远距离国际航线飞行，常常会遇到意外和风险。当飞机从坦桑尼亚回飞时，在苏丹上空遇到急剧变化的气流，飞机出现强烈颠簸，大家心情十分紧张，都为总理的安全捏着一把汗。但周总理却神情镇定地说：“没关系，这类事情我遇得多了。我相信你们。”周总理对飞行员的高度信任，增添了他们战胜险情的勇气，终于驾机飞出了险境。

这次航程共飞行 44361 千米，揭开了中国民航史崭新的一页。

曾　自／文

旅途中的周恩来　1965 年

大地还在颤抖

1966年3月8日凌晨，邢台地区突然发生了6.7级地震。

灾情发生后的第二天，周恩来就冒着余震的危险，来到震中的隆尧县白家寨视察灾情，慰问群众。

震后的白家寨到处是残垣断壁，到处是无家可归的灾民。看着这一切，周恩来很难过。他对群众说："老乡们，党中央、毛主席派我看你们来了！大家不要低头，要团结起来，学习愚公移山的精神，重建家园！"他还有力地挥动手臂带领群众高呼口号："奋发图强！自力更生！发展生产！重建家园！"在场的群众受到巨大鼓舞，他们一边和周恩来一起高呼口号，一边擦去止不住流下来的激动的泪水。

周恩来又亲临宁晋县东旺公社慰问群众。乡亲们见周恩来来了，纷纷上前与周总理握手。一位老农激动不安地说："俺们受了灾，把您老人家也惊动了。"周恩来诚恳地说："为人民服务，应该！"

每到一处，周恩来都鼓励社员同自然灾害做斗争。讲话时，他都是自己迎着风，让社员背着风，讲得口干了，就端起粗瓷大碗，吹开漂在水面上的灰土，喝上一口。

在临时"医院"，周恩来逐个慰问伤员。每到一个地铺前，他都停下来，不是摸摸伤员的褥子问伤员冷不冷，就是亲切地询问伤员的治疗情况。一位伤员拉着周恩来的手久久不愿放下："总理呀，解放军把我们救出来，您又来看我们，这份恩情叫我们怎么报答啊！"

周恩来和蔼地说："解放军是为人民服务的，我也是为人民服务的。我们都是人民的勤务员。"

在一户农民家，周恩来见一位妇女带着三个孩子显得十分疲惫不堪，

周总理把党的温暖送到灾区　1966 年

便关切地问寒问暖。这位妇女很感动，不知如何是好，忙给周恩来倒了碗水。随行的大夫看见给周总理盛水的碗边上还沾着不少玉米面糊糊，正想告诉周恩来不要喝，话还未出口，周恩来已接过碗一饮而尽。

周恩来就是这样，在大地还在颤抖的时候，便把党的温暖送到了灾区人民的心上。

李　静／文

大庆是“艰苦奋斗，自力更生”的典范

1966年5月13日，周恩来在石油工业部副部长康世恩的陪同下到大庆视察，受到油田一万六千多名干部和职工的热烈欢迎。

周恩来首先观看了油井出油。采油指挥孙燕文汇报说：油田全部油井都生产旺盛，保持自喷。周恩来严肃地问：“你们没有自己夸自己吧？”孙燕文爽快地说：“实事求是。”周恩来满意地说：“实事求是好。”

在钻井现场，宋振明介绍说：“1202、1205钻井队都决心在今年分别打井五万米，超过苏联功勋钻井队。”周恩来给予坚决支持，说：“他们两个队，如果每个队打井五万米，国务院要奖励他们。”随后，周恩来观看了钻井大队长、铁人王进喜的起钻、下钻和接钻杆的操作表演。当他看到王进喜一次就从近千米的井下取出六十四米长、直径比茶杯还粗的一管岩心时，连声说：“好，好！”

离别时，周恩来紧紧握着1202、1205钻井队两位老队长张云清、王进喜的手，深情地说：“你们两个队，今年每队如果打井五万米，一定要告诉我。”

在周恩来的鼓励和关怀下，到年底这两个队打井都超过五万米，破了全国新纪录，超过苏联功勋钻井队。由王进喜带队到北京，向周恩来报了喜，并应邀登上天安门城楼参加了国庆观礼。

白天，周恩来从油井到钻井场，再到工厂，往返七十公里，却毫无倦意，总是谈笑风生；夜幕降临，他又和大庆人共度了一个不眠之夜，直到凌晨才熄灯休息了两个小时。

或许是大庆油田几年来所发生的一个又一个喜人的变化使周恩来忘却了疲劳吧？

周恩来观看大庆职工家属生产的大南瓜　1966 年

以后很久，周恩来仍赞不绝口地说："1966 年我去大庆，那真称得起是'艰苦奋斗，自力更生'的典范。""大庆在那样困难的条件下，五年工夫石油产量由九十七万吨跳到去年的一千零六十万吨，这是伟大的成绩。"

熊华源 / 文

心中只有他人，唯独没有自己

郭沫若比周恩来年长六岁。然而，他始终把周恩来当作自己的兄长一样敬重，把周恩来当作自己最可信赖的朋友。他们之间的友情是十分感人的。

“文化大革命”中，周恩来对郭沫若的关怀更是无微不至。运动初期，民主人士章士钊受到红卫兵冲击，写信给毛泽东，请求“解围”。周恩来根据毛泽东的指示立即采取保护措施。他亲自开出一份应予保护的干部名单。名单中，首先提到十三位高级民主人士，郭沫若的名字列在第二位。

受到保护的郭沫若从 1967 年开始，协助周恩来做外事方面的工作。这时，郭沫若已经七十五岁，身体又有病，经常迎来送往，有时吃不消。因此，周恩来处处注意照顾他，避免他过于劳累。一天深夜，周恩来会见外宾结束后，郭沫若随他送客人到人民大会堂北门外。正是隆冬时节，寒气袭人。郭沫若不禁轻咳了两声。没想到，这立刻引起了周恩来的注意。回到屋内，周恩来立即把警卫人员找来严厉地批评：“外面这么冷，为什么不事先提醒一下？郭老这么大年岁，还让他吹风。”说完，他走到郭沫若身边，劝他赶快回去用药、休息。

郭沫若因耳聋没有听清周恩来讲什么。上了汽车后，他问秘书：“总理刚才好像在发火，为什么事啊？”秘书回答说：“他批评警卫人员没有照顾好您，让您吹风了。”郭沫若听后感动地说：“他自己不是也在吹风吗？”“心中只有他人，唯独没有自己”，这是周恩来留在郭沫若心中难以忘怀的印象。

廖心文／文

周恩来、邓颖超同郭沫若一家游颐和园

精彩的瞬间

随着美国敌视中国政策的破产，从 1969 年以来，美国政府开始通过多种渠道传递信息，急切地寻找着同中国握手言和的途径。毛泽东、周恩来以此为契机，积极开始工作。

1971 年 7 月和 10 月，美国国家安全事务助理亨利·基辛格两度来华，为尼克松出访进行具体安排。

1972 年 2 月 21 日 11 时 20 分左右，尼克松乘坐的总统专机出现在北京首都机场上空，银白色的机身在阳光下闪闪发光。周恩来、叶剑英、李先念等党和国家领导人站在凛冽的寒风中迎候即将到来的尼克松总统。专机徐徐降落后开始在跑道上滑行。11 时 27 分，专机终于停稳。几分钟后，飞机舱门打开，第一个出现在机舱门口的是身穿灰色呢大衣，满脸笑容的理查德·尼克松，紧随其后的是他的夫人帕特里夏·尼克松。

尼克松一边挥手致意，一边大步跨下舷梯，在离周恩来还有两三米远的地方就将手伸了出去。按照外交礼节，本应由东道主周恩来先伸出手来以示欢迎的，而此时尼克松为什么要反宾为主先伸手呢？

1982 年 6 月，尼克松在他的回忆录《领导者》中是这样给予解释的，他说："在 1954 年越南问题的日内瓦会议上发生的一件事，表明周恩来对藐视中国民族尊严的敏感程度。当时周代表中国，约翰·杜勒斯国务卿代表美国。杜勒斯对一位记者说，'只有在我们汽车相撞'的情况下两人才会会晤。"对于杜勒斯的这种行为，六年后，当他向他的朋友埃德加·斯诺重提这件事时，还露出痛彻心扉的表情。"我深知这件事伤害了周。因此，当我走下首次抵达北京的飞机舷梯的最后一级向他走去时，就主动伸出了我的手。"

周恩来迎接美国总统尼克松
1972 年

周恩来面带笑容，从容地握住了尼克松伸过来的手。就在握手的这一刹那，在二十米以外的摄影记者杜修贤按动快门，摄下了这张后来被誉为“精彩的瞬间”的照片，将周恩来不卑不亢的形象表现得淋漓尽致。

第二天，中国几乎所有报纸的头版头条都刊登了这张照片。

熊华源 / 文

身患重症之后

在“文化大革命”中，由于长时间的过度紧张和劳累，周恩来原本健康的身体急剧衰弱，除得了心脏病并多次发作以外，1972 年 5 月在一次例行的体检中，医务人员发现他已患癌症。这以后，周恩来苦撑危局，努力排除种种干扰，为使共和国这条满载八亿人口的大船驶出险区，他拖着明显消瘦的重病之躯，仍然以一个正常人都难以承担的工作量，夜以继日地忙碌着。他抓住林彪自我爆炸和主持中共中央工作的有利时机，从批判极“左”思潮入手，努力消除“文化大革命”给各个领域造成的严重恶果。1973 年 1 月 5 日，周恩来开始大量尿血，但他继续忘我地工作着。1 月 9 日傍晚，周恩来处理完若干政务工作后，又匆匆赶往人民大会堂会见意大利外交部部长梅迪奇和桑蒂尼将军率领的意大利政府代表团。

接见中，周恩来偶然斜靠在沙发上，用凝重、温馨、睿智的双目注视着前方，浓密的双眉在散布两旁的老人斑的衬托下，依旧显得生机勃勃；左胸前佩戴着“为人民服务”的像章，光彩熠熠；青壮年时期经常荡漾乐观笑影的酒窝虽被无情岁月的刀斧凿成两道深深的沟纹，却依然流露出一股执着的善意。

在这特定历史环境中充分反映晚年周恩来神韵风采的最佳时刻，意大利《时代》周刊摄影记者迅速按动快门，拍下了这张十分珍贵的历史性照片。

熊华源 / 文

鞠躬尽瘁　1973 年

回延安

1970 年 3 月，周恩来接见在延安插队的知识青年。知识青年向周恩来如实反映了陕北人民生活艰苦，粮食不够吃的情况。

周恩来听后很难过，激动地说：毛主席在延安时，陕北人民不仅有粮食吃，而且还存有余粮。现在全国解放二十余年了，延安的经济竟还这样落后，我们怎么对得起老区人民！不久，周恩来亲自决定：中央各部直接帮助延安建设五小工业，以支援农业的发展；北京市委抽调两千七百名干部赴延安帮助建设；从北京各大医院抽调医务人员组成医疗队，奔赴延安，发展延安地方医疗事业。1971 年，他又亲自指定有关同志草拟了改变陕北面貌的规划。

1973 年 6 月 9 日，重病缠身的周恩来陪同外宾访问延安。

回到阔别二十六载的延安，周恩来激动不已，连声说："我回老家来了！我回老家来了！"在延安，他参观了位于凤凰山麓的毛泽东和中央军委总参谋部旧居；他参观了延安纪念馆和杨家岭、枣园旧居；他登上宝塔山俯瞰延安全城；他向地方同志详细询问延安人民的生产、生活情况。

当他得知延安的许多地方老百姓还没有解决温饱问题时，心情十分沉重。

午餐时，他向延安地方的领导提出："五年粮食翻一番，可以吗？延安人民用小米哺育了我们，我们要对得起延安人民啊！"

五年粮食翻一番，增产幅度够大的了。能不能达到这个目标，延安地方同志心里没有底，但是看到周恩来消瘦的面庞和那双寄予期望的明眸，还是答应了下来："我们一定努力办到。"

周恩来看望毛泽东在延安时的老邻居　1973 年

周恩来发出了爽朗的笑声，高喊："拿酒来，拿酒来。"此时，他已忘却了医生不让他喝酒的禁令。

他端起酒杯兴奋地说："延安五年粮食翻了番，我一定再来延安。"

在周恩来的关怀下，经过延安人民的努力奋斗，1974 年粮食产量差不多就翻了一番。

李　静／文

选　择

经过“五四”风暴的洗礼，周恩来成熟多了。他决定赴欧洲求学，进一步探索适合中国革命的道路。

1920 年 11 月 7 日，年轻的周恩来告别亲人和朋友，从上海乘坐法国邮轮波尔多号前往法国勤工俭学。和他同行的有天津觉悟社的亲密战友郭隆真、张若名等人。

经过三十六天海上航行，周恩来一行于 12 月中旬抵达法国马赛。在欧洲的四年中，他到过法国、英国、德国、比利时等地，大大地开阔了视野，对他的一生产生了重要影响。

法国是个美丽的国家，但是周恩来没有时间游玩。他一面补习法文，一面进行社会调查。因生活十分窘困，他常常通宵达旦地给《益世报》撰写通讯，有时还翻译一些稿子，用稿费来维持生活和学习。

第一次世界大战后的欧洲思想界异常活跃，马克思主义书籍到处流行，很容易得到。周恩来阅读了大量革命书籍，如《共产党宣言》《社会主义从空想到科学的发展》《国家与革命》等等。他读书非常认真，每周读一篇。他总是把要点标出，或写上眉批，有时候还记笔记，把书上的精彩段落抄下来。

这个时期，他还读了一些其他流派的书籍。经过反复地推求比较，特别是对欧洲工人运动和社会情况做了实际考察后，他终于选择共产主义为自己终生奋斗的目标。

1921 年春天，经张申府、刘清扬介绍，周恩来加入了中国共产党。不久，他和张申府等人一起组织了巴黎共产党小组。从此，周恩来开始了他置个人生死于不顾，坚定地为共产主义事业而献身的生涯。

游柏林万赛湖（左起：赵光宸、周恩来、刘清扬、张申府） 1922 年

周恩来在给朋友的一封信中表达了他的思想感情："壮烈的死，苟且的生。贪生怕死，何如重死轻生？""没有耕耘，哪来收获？没播革命的种子，却盼共产花开！梦想赤色的旗儿飞扬，却不用血来染他，天下哪有这类便宜事？"

周恩来的一生，实践了他的理想。

廖心文／文

结　婚

1925 年 8 月，邓颖超到达广州。周恩来本来准备去码头接她，但是一清早他突然接到通知，要他立刻赶到省港罢工委员会去。怎么办呢？周恩来想了想，把负责警卫的陈赓找来，请他去码头接邓颖超。陈赓为难地挠挠头说：“我不认识小超同志，怎么接头呢？”周恩来从上衣口袋里掏出一张邓颖超的照片，递过去说：“就带着它吧。”

8 月的广州骄阳似火，码头上挤满了人。陈赓选了一个有利的位置，从这里可以看到每一个从船上走出来的旅客。他一会儿低头看看照片，一会儿抬头在人群中寻觅。人走光了，他还没有看见邓颖超的影子。一向机灵的陈赓这时也紧张起来。他不停地用手绢擦着头上的汗珠。

这时，邓颖超已经按照周恩来给她写的地址找到了文德路住所。原来，下船后她没有见到周恩来，猜想他有更重要的事情需要处理，便自己找来了，好在她不是第一次来广州，路还熟。

陈赓回到文德路住所时，周恩来也刚刚回来。陈赓沮丧地走到周恩来面前说：“对不起，周主任，我没有完成任务。”周恩来没有说话，只是扔过一条毛巾，让他擦擦满脸的汗水。陈赓低着头不肯接，周恩来突然爽朗地笑起来，说：“陈赓，你看，这是谁？”

陈赓抬起头，一位学生模样的女同志正从里间走出来，脸上还挂着旅途的风尘。陈赓“哎哟”一声，不好意思地低下了头。

邓颖超走过去，亲切地握住他的手，说：“陈赓同志，太谢谢你了，也太难为你了。”

不久，周恩来和邓颖超便结婚了。

听到这个消息，黄埔军校的朋友们非要为他们庆贺一下不可。盛情

周恩来和邓颖超　1926 年

之下，周恩来和邓颖超请大家在广州“太平餐室”吃了一顿饭。其中有一道著名的菜是“炸乳鸽”。这份情谊直到几十年后还装在他们心里。

廖心文 / 文

胡　公

1931 年 6 月，中共中央总书记向忠发在上海被捕叛变。这件事严重威胁到中央其他领导人的安全。为防止出现意外，中央决定让周恩来立即前往中央苏区——瑞金。

从上海到苏区，路途遥远，险象丛生。曾经参加过第一次国共合作，在黄埔军校任过职的周恩来十分容易被人认出。为躲避敌人的搜捕，他蓄起了胡子。这样，他不仅多次蒙骗了敌人，甚至使一些熟悉他的人有时也难以认出。

进入苏区后，周恩来一直留着胡子。因此，有人叫他“大胡子”，但更多的人尊称他“胡公”。这个代名用了几十年，1947 年周恩来同南方地下党负责人的谈话记录标题就是“胡公谈话”。

许多红军新战士在见到周恩来之前，听到人们称周副主席为“胡公”感到十分纳闷，甚至有些人以为这个首长一定是位严厉的老人。但是，当他们见到周恩来后，才惊奇地发现，他是那么年轻，那么平易近人。

这脸胡须伴着周恩来走过了二万五千里长征。1936 年长征到达陕北后，美国记者斯诺为他拍下了这个神采飞扬地骑在马上、留着胡须的历史镜头。

周恩来的胡子是在西安事变发生后剃掉的。

1936 年 12 月 18 日，西安事变发生后的第六天，周恩来代表中共中央到西安同张学良、杨虎城商讨解决事变的方针。一下飞机，周恩来先到管电台的地下党员涂作潮家。由于在西安要会见各方面人士，留着胡子不方便，他才下决心剪掉了。

随后，周恩来匆匆赶往金家巷张学良公馆。

长征到达陕北时的周恩来　1936 年

张学良早已在大门外迎候，一见到周恩来，他就惊讶地喊道："美髯公，你的胡子呢？"周恩来风趣地用手一比画："刚刚剪掉了！"张学良不禁惋惜道："太可惜了，长那么长了。"

周恩来笑着说："做统战工作，要讲点礼貌嘛。"

西安事变和平解决后，周恩来长期在国统区谈判，人们很少再看到他蓄胡子了。

不过，周恩来的老战友和老朋友私下谈到他时，仍然亲切地称他"胡公"。

廖心文／文

维世啊，你就当我们的女儿吧

1938 年的一天，周恩来像往常一样办完公事回到八路军驻武汉办事处。在门前他见到两个年轻人，其中一个十六七岁的女孩子正倚门痛哭。经询问，才知哥哥已被批准去延安，而妹妹因年纪小，办事处人员劝她回家。

周恩来看着他们稚嫩的脸，觉得有些面熟，一打听才知道他们原来竟是周恩来留德期间的好友孙炳文的长子孙宁世和女儿孙维世。孙炳文在四一二反革命政变时被国民党反动派杀害。

自从孙炳文牺牲后，周恩来和邓颖超一直在四处寻找他的妻儿的下落，但音信杳然，没想到今日竟不期而遇。

周恩来按捺不住心中的激动，拉着兄妹俩的手急步走进办事处，大声朝正在伏案工作的邓颖超喊道："小超，小超，你看谁来啦！"没等邓颖超省悟过来，他又高兴地说："这是宁世和维世，是孙炳文的孩子呀！"

邓颖超想起来了。

她和周恩来、孙炳文在广州工作时，维世才四五岁。她还依稀记得小维世那聪明可爱的模样，一把便将维世揽进怀里。

周恩来非常怀念老战友孙炳文，见到他的一双儿女就像见到自己的儿女一样高兴。听了他们诉说的父亲牺牲后一家人四散分离的情况，更觉得有责任抚养烈士的后代，为了死者，也为了生者。

邓颖超理解周恩来的心情，她看到宁世已经长大成人，可维世还未脱稚气，便拉着她的手笑着说："维世啊，你就当我们的女儿吧。"就这样，孙维世成了周恩来和邓颖超的干女儿。

在周恩来夫妇的亲切关怀下，维世去了延安，后又赴苏联深造。

周恩来、邓颖超和孙维世在西柏坡　1948 年

1946 年，维世以优异成绩毕业于莫斯科国立戏剧学院表演系和导演系，成为新中国著名的女导演之一。

刘春秀 / 文

他们都是我的孩子

新中国成立初期，周总理的胞弟周同宇因孩子多，家庭负担较重，周总理便把他的三个大些的孩子接到西花厅寄养。

一天傍晚，周同宇来到西花厅看望七哥和孩子们，当他看到小家伙们都长得聪明、健康，围着七伯欢心地嬉乐，心里充满了感激之情。

同宇望着七哥已经花白的鬓发，想到七哥和嫂嫂如此喜爱孩子，但嫂嫂在白色恐怖时期，因难产后身体未能恢复，再也不能生育，他们永远失去了自己的孩子，同宇心里觉得很不是滋味。按照周家过去的传统，兄弟之间谁没有子女是可以过继一个孩子的。思索了片刻，同宇认真地对总理说："七哥，你没有孩子，我这几个孩子你喜欢哪个，就挑哪个给你做孩子吧。"听了同宇的话，周总理笑起来。孩子们仰着小脸，似懂非懂地听着大人们的谈话。周总理依次轻轻抚摸着孩子们的头，用慈爱的目光看看这个又看看那个，最终他摇摇头说："同宇，你想一想，假如我挑了哪一个孩子，这个孩子将来就会觉得自己特殊，而别的孩子就会认为我做伯伯的有偏向，不公平。我看现在这样就很好嘛。这些孩子我都会当作自己的孩子对待的。他们都是革命的后代，我们有义务把他们培养成对国家有用的人才。你说对吗？"

周同宇的眼睛湿润了，他使劲点了点头。

曾　自／文

周恩来、邓颖超和弟媳、孩子们在一起

银婚纪念

1950 年 8 月初的一个星期天，周恩来、邓颖超的干女儿孙维世带着她新婚的爱人金山、妹妹孙新世来到西花厅，看望她十分想念的爸爸和妈妈。正巧，周恩来的侄女秉德、秉宜也都来了。

工作到下半夜的周恩来刚刚起床，他洗过脸，刮过胡子，格外容光焕发。见家里来了这么多亲人，他笑着说："孩子们，今天咱们高高兴兴地过一天。"难得周恩来愿意休息一天，邓颖超也异常高兴。

金山是著名演员，周恩来见了他便打趣地说："新姑爷上门，咱们可要好好招待一番哩。"一句话说得金山有些不好意思了，大家开心地笑起来。

"爸爸、妈妈，"孙维世边笑边从挎包里取出两朵大红花，"我们今天来，不是过普通的星期天，是给两位老人举行银婚纪念的。"

"你说什么？银婚纪念？"周恩来一时没有反应过来。

"爸爸、妈妈，你们不是 1925 年 8 月初结的婚吗？今天是 1950 年 8 月 8 日，正好是二十五周年。结婚五十年叫金婚纪念，二十五年就叫银婚纪念。"

周恩来平时连生日都不过，更不要说纪念什么结婚日了。邓颖超在一旁也直摇头。然而，看着孩子们捧过来的大红花，周恩来一时又觉得很不平静。

时光过得真快啊，不知不觉他和邓颖超结婚二十五年了。他们在五四运动中相识，大革命时期结为终身伴侣，几十年来，风雨同舟，患难与共，一起度过了多少艰难困苦的岁月，可以说既是心心相印的夫妻，又是共同奋斗的战友。

周恩来与邓颖超结婚
二十五周年纪念　1950 年

此刻，他从心底感谢维世他们想得周到。他微笑着说："当年我们结婚没有举行什么仪式，今天就算补办吧。"孩子们高兴地鼓起掌来。

两朵大红花戴在了周恩来、邓颖超的胸前。

周恩来深情地看着邓颖超，温柔地说："小超，这些年辛苦你了。"

五十二岁的周恩来和四十六岁的邓颖超笑盈盈地站在一起，胸前的红花分外耀眼。金山拿起照相机，为他们拍下了这张珍贵的照片。

曾　自／文

故乡情

周总理是江苏淮安人，他从十二岁时离开故乡，一直没有机会再回去。然而，周总理始终怀念着自己的故乡。

新中国成立后，每当遇到苏北籍的干部和职工时，都会引起他的乡思。一次，他在接见家乡干部时，曾感慨地说，我很想回去看看，我离开淮安，到今年整整五十年了。

1960 年，有一次周总理到上海开会，打算会议结束后，抽空回故乡看看，还未成行，便接到毛主席的来电，要周总理立即回京议事，原定回故乡的计划又未能实现。

专机机组人员深深知道周总理思念家乡的心情。在飞机到达淮安上空时，他们特意驾机低空减速飞行，让飞机在淮安上空打圈圈，好让总理俯瞰一下故乡的新貌。周总理眼望窗外，他望到了淮安的古城，望到了家乡的山水……当他感觉到飞机在减速盘旋，意识到这是机组同志们的心意时，既感激又认真地说："毛主席在北京等我们哩，还是全速前进吧！"

周总理太忙了，在他生前，回故乡看看的心愿始终未能实现。

深深的乡恋凝结在周恩来的心中。

曾　自／文

周恩来同家乡亲人共食

团扇寄友情

1961 年初夏，一天中午，忙完手头的公务，周总理和邓大姐来到东单大街一家普普通通的小饭馆。他们在这里招待著名妇科专家林巧稚和她的助手，感谢他们为邓大姐做了一次成功的妇科手术。文艺界的老朋友老舍夫妇应邀作陪。

席间，大家频频举杯，轮流向两位大夫表示祝贺和谢意。周总理酒兴助话锋，大家谈笑风生，把酒畅叙，亲如家人。望着康复后的邓大姐气色情绪都这么好，老舍的夫人胡絜青心里充满了喜悦。她拿出事前精心绘制的一把绢面团扇送给邓大姐，以表祝贺的心愿。扇面正中是一大朵工笔重彩的牡丹花，粉蒸玉琢，含笑乍开。旁边是老舍先生亲笔题的词：“昔在帝王家，今供亿万人赏”，字画珠联璧合，相应生辉。

大家传看之间，周总理称赞不已，邓大姐更是连连道谢，大家都说画得雅气，题得绝妙。一把小小的团扇为老友的聚会增添了无尽的欢乐和情趣。

聚会后几日，老舍收到了一张周总理和邓大姐的合影照。总理和大姐并肩而立，两人都微笑着，很有神采。邓大姐手中拿着的正是那把团扇。邓大姐右手握着扇柄，左手轻扶扇子的上端，扇子画面正对镜头，非常清晰。相片后面还注着：1961 年 7 月 1 日摄于西花厅。显然，这是周总理和邓大姐回到家中特意拍摄的，他们忘不了绘画者的深情。

周总理一生中与许许多多的普通人结下了深厚的友谊。他身为一国总理，却总是找机会生活在朋友之中，按普通人的生活方式去交往，去关注友人，或为人解忧，或给人以鼓励。相互的信任和依赖，便潜移默化地产生在这种交往之中。

周恩来与邓颖超在西花厅合影　1961 年

周总理给予老舍夫妇，给予众多友人的正是这样一种无可替代的精神力量，一种永远留存在人们心中的深厚友情。

曾　自／文

初版后记

1994 年是中华人民共和国诞生四十五周年，我们编辑了《毛泽东的故事》《周恩来的故事》《刘少奇的故事》《朱德的故事》《邓小平的故事》《陈云的故事》，作为《共和国领袖的故事》丛书献给共和国的节日。

中共中央文献研究室的同志为编辑出版这套丛书付出了辛勤的劳动，特别是刘武生、陈绍畴、李洪才、汪作玲、朱佳木等同志，在百忙中审阅各册书稿；新华社摄影部、中国革命博物馆提供了部分照片，在此，我们谨向他们表示感谢。

《共和国领袖的故事》

摄影作者名单

王光美	方 艺	乔治·洛蒂	刘东鳌	齐观山	齐铁砚
吕相友	吕厚民	李生南	李学增	杨绍明	杨震河
吴化学	吴振英	杜述周	杜修贤	何 谦	邹健东
孟庆彪	孟昭瑞	张 彬	侯 波	袁汝逊	夏道陵
徐大刚	徐肖冰	钱嗣杰	唐理奎	梁伯权	谢丰泉

塔吉·古拉（注：部分照片因年代久远，作者不详。）

《周恩来的故事》

执行主编：曾 自 李 静

责任编辑：骆振龙 米 河

装帧设计：路 石

1994 年 8 月

再版后记

这是一套以图文并茂的形式，生动讲述党的第一代中央领导集体重要成员在工作、生活与情感世界中所发生的点滴故事的图书。今天距离它初次出版已经三十年了，但翻看这些历史照片，阅读照片背后的故事，仍然会让我们有种莫名的激动。我们仿佛走进了他们的日常生活，近距离地感受着他们的言谈举止和人格魅力。

这些共和国领袖，是伟大的无产阶级革命家，是新中国的缔造者和建设者，是党的优良作风和光荣传统的践行者。他们身上凝聚着共产党员的优良品德，是我们学习的榜样。榜样的力量是无穷的，我们相信书中的每个故事都能引起新一代读者的心灵共鸣。

讲述共和国领袖的故事，是讲好中国故事，尤其是讲好中国共产党的故事的重要组成部分，是党史学习的生动教材，是传承红色基因的有效方法。这套图书正是展现老一辈无产阶级革命家为人处世、理想信念、人生境界等方面的重要载体，值得我们深入体会、不断感悟。

这套图书曾荣获中宣部第四届精神文明建设“五个一工程”奖和第七届浙江树人出版奖。此次再版，我们对图文内容的结构和顺序做了调整，使图书整体脉络更为清晰；对于一些历史事件的描述，我们保留了当时一些约定俗成的说法，部分内容在保持基本不变的基础上，根据现有规范要求做了一些修正。

在庆祝新中国成立七十五周年之际，重新出版此书，也是对老一辈革命家的深切怀念。

浙江人民美术出版社

2024 年 9 月

图书在版编目（CIP）数据

周恩来的故事 / 李琦, 梁平波主编 ; 奚天鹰, 刘敏副主编. -- 杭州 : 浙江人民美术出版社, 2024. 9.
(共和国领袖的故事). -- ISBN 978-7-5751-0301-5
Ⅰ. K827=7
中国国家版本馆CIP数据核字第20246FK922号

出版统筹　李　芳
责任编辑　徐寒冰　郭哲渊
美术编辑　吴　杭
封面设计　刘　金
责任校对　钱偎依
责任印制　陈柏荣

共和国领袖的故事
周恩来的故事
李 琦　梁平波　主编　　奚天鹰　刘 敏　副主编

出版发行　浙江人民美术出版社
（杭州市环城北路177号）
电　　话　0571—85174821
经　　销　全国各地新华书店
制　　版　浙江新华图文制作有限公司
印　　刷　浙江海虹彩色印务有限公司
版　　次　2024年9月第1版
印　　次　2024年9月第1次印刷
开　　本　787mm×1092mm　1/24
印　　张　4.833
字　　数　120千字
书　　号　ISBN 978-7-5751-0301-5
定　　价　38.00元